par B.E. Manuel [illegible]
[illegible]
[illegible]

LA CLEF

DE LA

STABILITÉ SOCIALE.

LA CLEF

DE LA

STABILITÉ SOCIALE,

OU

LES QUATRE PROPOSITIONS

SOUMISES,

A LA PUISSANCE LÉGISLATIVE DE FRANCE.

PARIS,

Chez tous les marchands de nouveautés.

1819.

LA CLEF

DE LA

STABILITÉ SOCIALE,

Ou les quatre propositions soumises à la puissance législative de France.

~~~~~~~~~

S'IL était possible de rattacher en un même instant à l'amour des familles celui non moins sacré de la patrie, et l'idée de concourir avec justice au bonheur de tous, mon but serait atteint, et je n'entreprendrais pas de réveiller la raison pour savoir si elle n'est plus qu'un vain mot, ou si l'on peut encore y puiser les ressorts d'une organisation utile au bonheur des hommes.

Les résultats de la réunion des souverains au congrès d'Aix-la-Chapelle sont d'une nature à exiger une promulgation étendue et une solennité générale parmi les nations qui en sont l'objet; le protocole et la déclaration du 15 novembre 1818 seront à jamais
~~~~~~~~~

mémorables dans l'histoire de la civilisation, s'ils amènent l'union politique des nations de l'Europe, et cette paix permanente tant désirée par les gens de bien. Mais pour obtenir de si heureux avantages, il est indispensable que les souverains, qui ont commencé à travailler au repos du monde, continuent visiblement leur ouvrage en inculquant à chacun de leurs sujets, par toutes les voies pénétratives, ces mêmes sentimens de sociabilité qui les animent, et en leur transmettant les moyens de les établir et de les perpétuer comme un devoir réciproque envers la société.

C'est dans **une** circonstance aussi mémorable, où l'intérêt de la stabilité et le bien de l'humanité sont placés au grand jour, qu'il est facile aux législateurs d'imprimer un caractère de régénération parmi les nations, par la possibilité de leur révéler leur bien-être en leur donnant les moyens de le conserver. C'est dans cette circonstance, dis-je, que l'on peut retremper un esprit national, en le dégageant du fanatisme par des institutions qui lui tracent les devoirs de la patrie et ceux de l'humanité, en le disposant ainsi à ne jamais s'abandonner à la fortune d'un conquérant, dont l'orgueil peut enchaîner l'union des vrais citoyens et amener le bouleversement de la patrie.

C'est en se reportant à l'antique étymologie du mot patrie, au temps où il signifiait la réunion d'un nombre de familles sur un même sol, régi par les mêmes lois dans un but de conservation réciproque, que chaque nation détestera le droit de conquête ; que chaque être, administrant ou administré, reconnaîtra son devoir et ses droits, et que l'économie générale qui doit présider l'administration sociale rentrera dans son pivot.

C'est donc dans l'intention d'unir le monde civilisé, en liant progressivement tous les peuples dont il se compose à un faisceau d'union indestructible, qui lui donne un véritable esprit de sociabilité, que je vais tracer et analyser successivement mes quatre propositions : j'ai l'honneur de les soumettre aujourd'hui à l'adoption de la puissance législative de France, afin que si elles sont jugées susceptibles de consolider le bonheur de la France, aussi bien que celui de l'Europe, elles soient signalées authentiquement aux souverains qui ont déclaré, à la face du monde, vouloir l'affermir et le perfectionner.

PREMIÈRE PROPOSITION.

Il sera établi, à Paris, une commission sous le nom de *propagande*, laquelle sollicitera une semblable institution dans chaque capitale de l'Europe, à l'effet de recueillir et répandre les lumières tendantes à maintenir une paix durable entre les nations européennes, et à propager entre elles les moyens de constituer leur union politique.

————————————

Vouloir une paix durable par le seul secours des traités, ou espérer l'union politique des nations de l'Europe sans institutions homogènes, c'est vouloir exister sans alimens.

En considérant l'état de civilisation qui règne en Europe, l'harmonie des lettres, les progrès des sciences et des arts, le rapport amical d'homme à homme, dont l'immense majorité pense sainement, on a lieu de s'étonner de n'y voir en vigueur que des institutions différentes, qui laissent l'administration sociale seule éloignée de la haute civilisation, et ne lui donne pour tout moyen de conservation qu'un système de défense permanent, qui rappelle encore la routine des temps barbares ou un régime despotique.

C'est avec douleur que les gens de bien observent un pareil état de choses, sans qu'aucune nation ait encore rien entrepris qui puisse le faire cesser ou l'améliorer sensiblement. O ma patrie ! me serait-il réservé de t'acquérir un nouveau genre de gloire inséparable de la félicité, en te signalant l'action d'établir, la première, une institution pour propager la durée de la paix ; et cette propagande du dix-neuvième siècle ne pourrait-elle pas avoir, dans ses rapports, uu succès aussi étendu que celle qui fut créée pour la propagation de la foi ?

Comme le temps seul peut perfectionner un plan général de cette nature , en recueillir toutes les opinions relatives , éloigner leur vague et disposer les peuples à recevoir successivement l'impulsion d'un bienfait vers lequel on ne doit cesser de travailler, il est au rang des premiers devoirs de la puissance législative d'instituer une propagande qui n'ait à s'occuper que des moyens d'y parvenir , en recevant de toutes parts les lumières qui pourraient lui être présentées ; pour les organiser et les répandre annuellement, afin d'en recueillir une censure qui réalise un ensemble de perfection susceptible d'être finalement offert à la sanction de chaque gouvernement.

La propagande pourrait se composer de vingt-quatre membres, pris au sein des deux chambres, et nommés par elles, moitié par moitié, pour siéger dans un local spécialement destiné à cet effet, d'après la sanction du pouvoir exécutif.

Les travaux de la propagande seront entièrement pacifiques, et ne devront être imprimés qu'en son nom.

Une loi fixera le réglement de la propagande, et des fonds approximatifs lui seront assignés par le budget de l'état, pour être administrés par elle.

Lorsqu'elle sera en vigueur, elle adressera un manifeste à toutes les puissances de l'Europe pour leur communiquer le plan de ses travaux, et les inviter d'y coopérer en formant une semblable institution au siége de chaque gouvernement.

Les propagandes établies auront entre elles une correspondance directe pour la communication de leurs travaux respectifs. En attendant un résultat final, elles seront initiées de droit à connaître les différends qui pourraient s'élever entre les sujets ou agens de leurs nations, et seront autorisées à entreprendre, prévenir et régler, au nom de chaque gouvernement, toutes réparations, conciliations, dommages et intérêts à qui de droit, pour toutes offenses qui pourraient susciter la guerre, excepté le cas où le territoire serait envahi, ne devant y avoir que ce seul motif où la guerre soit légitime.

Cette dernière conséquence une fois établie, il est aisé de comprendre que les propagandes étant investies des attributions précitées, feraient disparaître tous prétextes spécieux de faire la guerre, et que ce principe suffirait pour électriser une nation envahie et la porter à opposer une résistance capable d'arrêter une entreprise téméraire.

D'un autre côté, le caractère et la mission d'un propagandiste ne pouvant manquer d'inspirer à toute une nation un respect religieux et une confiance sans bornes, présenteraient aussi, en cas de troubles civils, un intermédiaire conciliant, en ce qu'il serait sacré pour tous les partis, et qu'en se présentant au milieu d'eux (dans une telle occurrence) avec une marque distinctive, il pourrait y empêcher les effets de la discorde et les regrets des citoyens.

D'ailleurs, tous les gouvernemens de l'Europe doivent tendre désormais à prévenir toute espèce de révolutions en donnant un libre accès aux représentations, et en admettant les améliorations susceptibles de contribuer au bien-être et à l'union de toutes les familles. Il n'y a point de raison qui puisse exempter des gouvernemens loyaux de remplir des engagemens paternels, quand ils peuvent commencer à créer, chacun en particulier, des institutions conservatrices, dont l'unité sociale ne détruirait point l'intérêt national pour devenir homogène entre les nations, et préparer ainsi leur union politique.

DEUXIÈME PROPOSITION.

Pour perpétuer directement la pacification de l'Europe, il sera institué une fête nationale sous le nom de Fête de la Concorde, laquelle sera proposée, au nom de la France, à toutes les puissances de l'Europe, pour être célébrée annuellement le premier dimanche d'août.

La disposition de cette fête serait: 1° de rappeler, par des discours à la portée de tous les hommes, les sentimens qui ont dicté aux souverains les actes du congrès d'Aix-la-Chapelle, l'injustice des conquêtes, les devoirs de l'homme envers la patrie et ses semblables, et de détourner les défenseurs des familles de ces actions qui déshonorent la bravoure, en plaçant son zèle dans la honte de ne voir pour résultat de la guerre que le bonheur d'arracher les dépouilles d'un ennemi vaincu.

2° Ces discours seraient composés par les membres des conseils municipaux, pour être imprimés aux frais de chaque département, et prononcés par chaque maire devant les habitans rassemblés en ordre, dans le lieu le plus convenable de chaque arrondissement, où les imprimés seraient distribués avec des hymnes analogues à la fête, et susceptibles d'y être chantées: cette réunion offrirait les moyens d'une quête abondante, qui pourrait être faite par les principaux notables en faveur des pauvres, en attendant qu'une loi générale appelle sagement chaque individu en cotisation pour leur assurer des secours proportionnés aux besoins d'urgence.

3° Indépendamment de la munificence que chaque commune pourrait ajouter à cette fête, pour en augmenter la pompe, des dotations pourraient être souscrites dans chaque commune pour marier des jeunes filles (dont la conduite serait irréprochable) avec des garçons dont les bonnes mœurs et les services publics seraient notoires et dignes de récompenses. On pourrait encore adopter ce jour de fête pour distribuer solennellement les récompenses nationales et prononcer la commutation de peine, ou la grâce des délits susceptibles de mériter la clémence du prince.

4° Le ministre de l'intérieur serait spécialement chargé de l'ordonnance général de cette fête.

TROISIÈME PROPOSITION.

Que l'institution des gardes nationales soit constitutionnelle, et reçoive en France une organisation législative comme association entre les familles, pour le maintien du bon ordre, et porte envers chacun de ses membres l'engagement et les devoirs d'un pacte de sûreté réciproque pour prévenir l'isolement social, aussi bien que l'isolement individuel. Que tout Français valide, payant au-dessus de 99 francs d'impôts directs, soit de rigueur garde national actif, depuis 18 jusqu'à 50 ans ; que tout autre domicilié, non compris, soit admis volontairement en se conformant à l'organisation prévue par la loi ; mais qu'en cas d'invasion étrangère tous Français fassent partie des compagnies de leurs arrondissemens.

Qu'au-dessus de 50 ans, tout garde national qui voudra cesser le service actif, soit immatriculé comme vétéran de la garde nationale, ainsi que ceux qui ne pourraient continuer le service pour cause d'invalidité dûment constatée, afin que les uns et les autres puissent participer continuellement aux avantages de l'association, et y exercer des fonctions honorables.

____

La révolution française démontre à notre génération, comme elle démontrera aux générations futures, les malheurs qui ont causé la dissolution des familles par la diversité des opinions, et le danger de s'éloigner du bien général en laissant chaque intérêt et chaque gouvernement dans une situation toujours précaire. Les ressorts de l'association humaine n'auraient pas été aussi souvent brisés, si la vue d'un intérêt particulier n'eût pas entraîné tour-à-tour une portion des hommes dans un torrent de malheurs qu'ils ont augmenté par leurs dissentions, et qu'en général ils n'ont pas prévu pouvoir les engloutir indistinctement ; mais l'oppression et les réactions doivent nous dessiller les yeux, et nous convaincre qu'il n'est point de bonheur durable hors de toute justice et, sans l'esprit de sociabilité, d'où découlent toutes les lois de la société, et nos devoirs envers nos semblables.

L'homme paisible et soumis, qui forme par-tout la grande majorité, sera-t-il toujours isolé, dupe ou victime de la cupidité d'une minorité turbulente, dont le génie ne s'évertue qu'à le faire servir selon ses passions ou ses intérêts ; et s'il y a une autre minorité, qui est destinée, par ses lumières, à diriger la majorité, ne doit-elle pas placer son honneur et sa gloire pour agir uniquement vers le bien général, et non pas à se courber devant le pouvoir pour s'arroger le domaine des dignités aux dépends du pacte social, en laissant la masse des honnêtes gens dans un isolement préjudiciable à leur bien-être, et avantageux pour toute espèce d'empiètement arbitraire et oppressif ?

C'est dans cette déplorable conjoncture

que l'équité seule peut renouer l'ensemble que
nous avons perdu, parce que personne n'a
droit de se soustraire à ce principe, qui ne
sera jamais illusoire, et qui détruira toujours
l'ascendant ridicule et illégitime de qui-
conque voudras'y soustraire ; mais il y a tant
de vices qui contribuent à la destruction de
l'ordre social, qui ne sont pas réprimables
par la loi ou qui échappent à sa vigueur, et
tant d'autres encore qu'elle ne peut prévenir,
puisqu'elle n'a de force que pour empêcher
de violer ouvertement la justice que les
passions humaines nécessitent impérative-
ment, que tous les gens de bien veillent à
la conservation sociale et soient organisés
d'une manière spéciale, afin qu'ils ne restent
jamais sans mission dans la grande famille.

En remontant à l'origine des sociétés,
nous voyons toujours que le premier besoin
qui attache les hommes à l'ordre social est
leur sûreté individuelle et celle de leurs
propriétés contre l'injustice de leurs semblables ; nous jugeons aussi qu'ils ont tous le
même désir d'être heureux, et que nous devons nous entr'aider pour y parvenir ; mais
nous n'avons encore pu obtenir aucune institution perfectionnée, qui nous porte à

remplir le devoir sacré qui est attaché à ce principe, dont l'infraction a produit tour-à-tour le malheur des hommes.

Cependant, pour devenir enclin à propager et maintenir le bienfait de **la sûreté réciproque** et bannir l'égoïsme, il pourrait suffire de consulter, en fait de révolution, d'opinions et d'invasion, l'histoire du terrorisme, des émigrations et des proscriptions de tous les temps; elle convaincrait que la voie d'iniquité qui s'est exercée tour-à-tour n'a que trop détenu ou expatrié, et qu'elle a souvent traîné après elle les récriminations de la vengeance, le désespoir et la mort.

Je m'étendrai donc sur la nécessité d'une institution vivifiante et irrévocable, qui permettrait de veiller et s'enquérir à la sûreté individuelle et à la conservation de la propriété, et où tous les membres, étant amenés à ne reconnaître aucun esprit de parti, prendraient formellement, les uns envers les autres, l'engagement d'un pacte de sûreté réciproque pour le maintien du bon ordre.

L'institution des gardes nationales sera essentiellement vicieuse si elle est révocable, ou si elle trace une démarcation exclusive qui affaiblisse l'harmonie qu'elle doit produire entre toutes les classes. Puisqu'elle est reconnue, par épreuve, une double garantie de la conservation sociale, elle doit lier perpétuellement le zèle de tous ses membres, et l'organisation définitive doit prévoir tous les délits au plus haut degré, pour ne jamais laisser à l'arbitraire la décision d'aucun cas susceptible de suspendre une portion en masse, ou même de punir individuellement.

Il est bien entendu que l'institution, devenant constitutionnelle et recevant une organisation législative, qui prendra pour base du service actif la raison des moyens pécuniaires, ne doit pas de là former une division exclusive, qui détournerait le but qu'on se propose pour le maintien du bon ordre et de la sociabilité; mais doit comprendre comme moyen équitable et conciliant, que tout individu domicilié, non compris dans l'organisation, sera admis volontairement en se conformant aux réglemens prévus par la loi, en observant qu'en cas d'invasion étrangère tous les Français valides feront partie des compagnies de leur arrondissement.

Pour conserver la vigueur de l'institution et son but principal, qui doit être de prévenir l'isolement social aussi bien que l'isolement individuel, il est essentiel, 1° que le serment des devoirs à remplir soit renouvelé solennellement et individuellement chaque année, avec un rappel des motifs de l'institution ; qu'il soit en outre offert à chaque membre, sous le titre d'almanach, les réglemens et instructions relatifs, traits de courage et de dévouement susceptibles d'y être consignés ; 2° que les compagnies nomment elles-mêmes leurs officiers, et que le roi choisisse les officiers supérieurs parmi ceux qu'elles auront nommés ; 3° qu'un conseil de chaque bataillon ait le pouvoir de s'enquérir à la connaissance des causes qui provoqueraient l'incarcération d'un garde national, et aux bons témoignages à recueillir et à déposer en sa faveur. Ici se trouverait le vrai lien des familles, par un contrat d'intérêt réciproquement consenti dans toutes les localités, et lié par un concours de surveillance unanime, en harmonie avec les lois et le père de la patrie, pour n'abandonner nos frères qu'au tombeau, ou quand ils seraient reconnus indignes de participer à la fraternité.

Voilà le premier lien qui peut nous arracher au torrent que nous savons pouvoir nous entraîner isolément. Si l'esprit du siècle pouvait devenir assez irascible pour en former les nœuds; s'il pouvait se pénétrer que l'effet du bien qui est produit par des combinaisons sages, a seul toute la dignité qui convient à notre espèce, nous n'attendrions rien d'un hasard, qui laisse supposer un état de corruption ou des facultés éteintes, et ne laisse en perspective que le dangereux abandon de toutes choses à la merci des bizarreries humaines.

De tout temps on a toléré des associations qui ont eu un but moral, un but d'utilité publique et des récréations nationales; mais on n'a jamais pu organiser une institution qui puisse réunir tous ces avantages. Cependant, l'Europe entière a le plus grand besoin de réunir leurs secours pour fixer les hommes vers la stabilité, et rien ne serait plus certain pour y parvenir, qu'une association mutuelle entre tous les propriétaires de l'Europe, organisés en gardes nationales. Sans vouloir des vertus stoïciennes, on peut en désirer que personne ne puisse simuler; et l'Européen, par une douce philantropie et l'amour de l'ordre, posséderait ici toutes celles qui sont sociales, en travaillant de concert à la conservation commune.

Je rattache toutes ces considérations à l'effet salutaire que produirait l'organisation que je propose, et dont voici la base naturelle.

« Chacun ayant le désir d'être heureux, place en commun son existence et ses moyens pour en obtenir la conservation ; en conséquence, chacun doit surveiller et être de bonne foi pour se garantir mutuellement ses avantages selon son pouvoir, de manière que s'il se trouve un égoïste ou un infracteur qui veuille, aux dépens du bonheur commun, se procurer illicitement son bien personnel, il soit saisi par une surveillance générale, et marqué du sceau de l'ignominie, ou livré à la rigueur des lois ».

Or, ceci présente l'existence d'une patrie, l'intérêt et les devoirs de chacun, avec le secours qu'il peut recevoir, étant lié par le concours d'un corps de nation, et démontre clairement à tous les yeux que cet appui mutuel ne saurait exister ni se soutenir qu'autant que l'équité le rapprochera par des institutions vraiment sociales, et que lorsqu'une portion de la société peut se détacher impunément, au préjudice de l'intérêt général, nous ne sommes plus que des victimes éparses, faciles à sacrifier, et abandonnées tour-à-tour à la rigueur de tous les événemens.

Pour nous convaincre de la nécessité d'un point d'union pour la stabilité, remontons encore à la chaîne des événemens. Les temps nous ont prouvé que l'autorité n'a pas toujours eu la force qui lui était nécessaire, et que le corps politique pouvait se trouver isolé, aussi bien que les individus ; il lui importe donc de distinguer la véritable force sociale, et de s'allier réciproquement aux membres qui en sont le soutien naturel, en leur donnant un point d'organisation efficace pour résister physiquement et moralement aux passions qui voudraient les asservir ou renverser de nouveau ce qui doit rester sacré ; c'est ainsi que l'ordre serait consolidé en prévenant l'isolement individuel contre des routines sans fondemens équitables, puisque le but de la législation est d'admettre, selon les temps, tout ce que la sagesse et les lumières peuvent suggérer pour prévenir le désordre et la confusion.

D'ailleurs, l'homme irréprochable ne saurait être mauvais citoyen ; mais il cherche, comme les autres hommes, un lien qui puisse le secourir en s'y attachant. Il est indubitable que les divisions et les intrigues, sur lesquelles il a lieu de gémir, l'empêchent de s'utiliser dans le sens qui lui est naturel, et arrêtent cette effusion de cœur qui ne cherche qu'un libre cours pour s'épancher dans le sein de la bienfaisance et de la justice.

En effet, n'est-il pas désespérant pour l'homme de bien de voir que les vices, qui sont les destructeurs de l'ordre, parviennent sans cesse à nouer et renouer une union illicite, dont il est toujours la victime, pendant qu'une politique corrompue l'asservit dans les liens d'une garantie insuffisante à de pareils événemens, et que, par une combinaison toute despotique, elle enchaîne l'énergie et la surveillance de tant de millions de braves gens qui sont inséparables de la patrie, pour placer plus sûrement leur sécurité dans la sagesse d'un seul homme, et ne plus les considérer que comme tributaires !

Ah ! si la connaissance de l'histoire, jointe à la triste expérience que la génération vient d'éprouver, peuvent convaincre les législateurs de transmettre aux nations les moyens de faire disparaître à jamais les abus du

pouvoir et tout état de perplexité, serait-
il croyable que le plus grand nombre des
enfans de l'Europe hésitât un seul instant
d'adopter un point d'union dont la sagesse
puisse garantir désormais leur sécurité ?
Pourrait-on supposer qu'à la vue de réaliser
cette proposition, des hommes civilisés et
instruits à l'école du malheur préférassent les
chaînes d'une politique rebutante, plutôt
que d'admettre une surveillance personnelle ?
Non, Européens, ces suppositions seraient
un outrage à votre raison, parce que vous
avez le même désir de partager le bonheur
social, et la même volonté de contribuer
efficacement à la conservation de vos familles ;
mais pour réaliser vos vœux dans des temps
aussi difficiles , et détruire la source des
calamités sur lesquelles vous gémissez, il
faut que ceux qui tiennent votre gouvernail
imitent la sagesse du pilote qui n'espère
arriver au port et garantir son vaisseau du
naufrage, qu'avec l'union et le travail de
tout l'équipage : il faut, dis-je, une organisation par laquelle chaque sujet soit mis
en action pour couper la retraite aux détours
de la perfidie , et recevoir l'impulsion du
salut commun par une voie claire, que

chacun soit mutuellement contraint de suivre, et que le père de la patrie fasse graver en tout lieu :

« Tout corps armé n'est à la patrie que l'auxiliaire des gardes nationales, pour réprimer le brigandage et l'invasion ; les enfans ne sont point armés pour subjuguer leur père ni leur frère, ils leur doivent le partage de la discipline pour les égards dûs à la hiérarchie militaire. »

Alors chaque nation serait bientôt fixée dans la voie du solide honneur, qui peut raffermir ses destinées ; le flambeau de l'équité y couronnerait l'esprit de sociabilité, et ferait connaître aux nations que les hommes les plus dignes de la liberté sont ceux qui savent veiller pour elle.

Il est donc des temps où il faut changer de méthode pour la démonstration des principes qui peuvent convaincre les hommes sur les devoirs qu'ils ont à remplir ; et si l'art de gouverner a souvent entravé ses considérations, il s'est vu également forcé de céder aux orages qu'il a cumulé sur les états.

Je m'arrête à cette puissante considération, à laquelle se rattache la stabilité et la perfection des monarchies de l'Europe ; car en perpétuant l'union de tous les intéressés à l'ordre social par une organisation qui les rendrait moralement indivisibles , ces monarchies n'auraient jamais à craindre aucune espèce d'ennemi de leur administration ; et la masse des gens de bien , en veillant elle-même pour se préserver des désastres que les passions pourraient ramener encore , allégerait les fardeaux de l'état , et s'élèverait à la dignité de citoyen.

C'est ainsi que l'homme public , en se vouant au bien général , retrouverait dans sa vie privée tous les avantages de l'ordre social , et ne craindrait plus d'être arraché du sein de sa famille par l'esprit de parti ; que le souverain serait irrévocablement consolidé sur son trône par l'amour de ses sujets; que l'état civil conserverait toute sa prépondérance ; que l'audacieux n'aurait plus à sa disposition des satellites ou des turbulens assez formidables pour asservir sa patrie et perpétuer la désolation du genre humain ; et qu'enfin il y aurait une force sociale qui permettrait à l'Europe de diminuer réciproquement ses masses d'hommes armés qui écrasent ses peuples sous le poids des impôts et d'une guerre perpétuelle.

J'arrive au nœud du pacte et au moment où il doit produire une régénération ; mais la bienveillance a besoin d'apporter ici toute son assistance pour l'opérer, car du moment où elle devient possible, un sincère oubli doit couvrir le passé. C'est à cet instant où l'association commence, que tous les hommes doivent se considérer comme des frères, long-temps séparés par le malheur, et dont les fautes mutuelles ont fait sentir la nécessité de s'unir pour empêcher la dissolution de la famille. C'est aussi dès cet instant où leur conservation est mise en commun, qu'il n'y a plus de ridicule d'admettre une surveillance personnelle, qui devient un accord général pour détourner jusqu'à l'ombre du crime, en prévenant la rigueur des lois contre les prévaricateurs d'une si sainte alliance.

Cette institution, en prenant pour guide les devoirs de l'homme envers ses semblables, n'irait pas se briser au premier écueil comme toutes les lois préservatives ; elle deviendrait le palladium de chaque nation, en traçant une route invariable, qui tiendrait en arrêt toute espèce de désordre ; chacun aurait un véritable intérêt de soutenir la perfection d'une telle association, qui, faisant jouir tous les hommes de ses bienfaits, deviendrait pour le passé le refuge des erreurs politiques, et qui, suspendant ainsi le châtiment par la bienveillance, et la haine par un oubli sincère, ferait disparaître de la génération tout venin destructeur, en assurant à nos enfans un bonheur que nous devons leur préparer, et en rendant à la société des hommes régénérés, qui en deviendraient les plus fermes appuis.

De ce principe d'union naîtrait toute notre prospérité. Qu'on se représente ici l'élite de l'Europe, uni sous la même bannière, prenant pour devise et ralliement : *Bonne foi et bon ordre!* Quel beau jour de fête pour les familles, lorsqu'à ce signal elles verraient renaître toutes leurs espérances, et que désormais, n'ayant plus de discordes civiles à à redouter, la confiance et l'harmonie ramèneraient dans leur sein tous leurs membres dispersés par les orages politiques!

Si ce projet d'organisation, qui fait le sujet de ma troisième proposition, peut démontrer aux hommes que, dans tous les cas, leur conservation ne peut être véritablement garantie qu'en veillant directement à la con-

servation commune ; que l'effet des révolutions et les crimes qui les suivent, ne s'opèrent
par la minorité qu'en raison de ce que les
gens de bien n'ont jamais reçu l'union nécessaire pour contraindre au maintien de
l'ordre, et qu'on ne peut offrir une institution
plus favorable pour réaliser un projet de
salut, que celle qui réunirait physiquement
et moralement des millions de propriétaires
de toutes les sectes : concluons que ce pacte
de sûreté réciproque aiderait à remplir toutes
les vues d'améliorations que l'on paraît vouloir
chercher pour la stabilité, et qu'on ne peut
atteindre qu'avec des principes d'émulation
d'un intérêt palpable, généralement répandus
dans toutes les localités.

Ce pacte coïncide donc en tout point avec
le projet d'unir les nations de l'Europe par
des devoirs mutuels, et devient un des principaux moyens de les rendre heureuses, en
facilitant l'anéantissement de toutes espèces
de despotisme et d'esprit de parti. Cette
nouvelle alliance rendrait aussi le gouvernement monarchique plus durable et plus
paternel, en établissant une nouvelle égalité
civile entre tous les gens de bien, qui, s'é-
vertuant à consolider l'édifice de la sagesse

humaine, vivifieraient les esprits par un baume salutaire qui les rattacherait à eux-mêmes en les attachant tous aux dynasties régnantes.

QUATRIÈME PROPOSITION.

Pour servir de règle et d'égide à toute organisation civile et militaire, aussi bien qu'à l'instruction publique, sous le règne de la tolérance : que la morale publique soit définie et instituée par les lois, afin de lier irrévocablement les hommes de toutes les sectes à un même principe d'unité et aux mêmes devoirs qu'ils ont à remplir envers la société et leurs semblables.

———

L'ordre n'existe en perfection que dans l'union des peuples et par les devoirs mutuels qu'ils s'imposent ; si ces liens cessent de se communiquer, les hommes restent, mais l'ordre est incertain. Une loi de famille, un principe de morale, un seul devoir domestique importent plus à l'ordre public que toutes les formes de gouvernement et démontrent la nécessité de rendre les hommes gouvernables avant que de les gouverner.

Tous ces principes, n'ayant point de base

exécutoire dans nos lois , nous font sentir, dans les circonstances présentes, l'urgence d'y introduire des maximes sociales qui ne soient point annullées ou restreintes par une entière liberté, comme celle de se conformer aux religions ; mais qui soient astreintes à l'institution d'une morale reconnue par la loi , et dont elle considère les contraventions publiques comme délits séditieux.

On cherche la cause de la multiplicité des lois et de leur insuffisance pour contenir la corruption générale , sans vouloir la rencontrer dans le besoin d'une morale civile , transmissible et commune aux hommes de toutes les sectes , afin de lier à la patrie et à ses institutions les gouvernans et les gouvernés , le civil et le militaire , l'armée et les citoyens. Ce vide si frappant sera cependant toujours le grand embarras de la législation , pour approcher de la perfection de toute espèce de gouvernemens ; les législateurs qui réfléchiront sur cette doctrine , sentiront aisément combien sa simplicité serait influente pour préserver les humains et consolider les lois ; ils jugeront aussi qu'elle est d'urgence au dix-neuvième siècle pour servir de règle à tout ce qui tient à l'essence de l'administration sociale, et qui est salarié par elle ; qu'en la transmettant à la connaissance de tous les hommes, elle serait pour eux un code universel de toutes les lois qui doivent régir la tolérance et la sociabilité, et un sujet d'émulation également profitable au génie comme à la simplicité, pour arriver ensemble au bonheur commun.

Les gouvernemens représentatifs et tolérans sentiront les premiers le besoin de cette doctrine, lorsqu'ils voudront mettre en harmonie les droits des citoyens avec les constitutions qui assurent à chacun une égale protection. Sans cet intermédiaire, comment organiser équitablement et fructueusement l'instruction publique et l'instruction morale de l'armée ? Etablira-t-on un schisme en divisant l'enseignement selon la diversité des doctrines de chaque secte ? Renversera-t-on l'unité des lois ou celle des citoyens, ou abandonnera-t-on les unes et les autres à leur propre force ? Enfin, le droit écrit restera-t-il imaginaire, ou n'aura-t-on à opposer, pour concilier toute chose, que les ressorts de la force physique, qui sont entre les mains des gouvernemens ?

Ces questions sont assez importantes pour

être méditées par les législateurs, car elles tiennent à beaucoup d'autres rapports qu'un gouvernement ne peut prévoir qu'en définissant la saine morale, qui est de toutes les sectes; sous le titre de morale publique, qui comprend les devoirs de l'homme envers ses semblables. La patrie doit être une et indivisible avant tout; et si chacun peut y être libre, ce n'est qu'en la servant loyalement et en ne nuisant à personne.

Cette base posée, nous voyons combien nous sommes éloignés du principe de l'institution sociale, et comment nous n'avons pu rencontrer aucun de ses avantages dans nos événemens politiques.

Sans développer ici tous les torts qui se sont opposés aux progrès du bien, ni s'attacher à réfuter diverses formes et systêmes introductifs qui contrarient les nations sans les secourir, réunissons toutes ces choses par l'intention qu'on leur a toujours attribuée d'avoir voulu produire le bien, et attachons-nous à découvrir les vérités que nous croyons les plus capables de nous y conduire.

Le salut de l'état tient au nœud réciproque qui liera toutes les sectes aux mêmes devoirs; et la clef qui conduira à la conservation commune est placée dans leur observation. C'est en pénétrant dans l'esprit du siècle, qu'on découvrira la nécessité d'attacher aux institutions civiles et militaires l'émulation réciproque des maximes qui concernent les devoirs de l'homme; car il est à considérer, pour la conservation des liens sociaux, que la propagation des sciences a produit un esprit irréprimable, qui, dégagé de fanatisme, demande lui-même un frein, lutte contre l'injustice, s'attache opiniâtrement à la perfection des choses, et paraît faire le tour du monde pour l'embrâser tout entier. Il y aurait donc perfidie ou corruption d'entraver de pareils principes; chaque gouvernement doit au contraire favoriser l'extension qui peut prévenir des secousses destructives ou une direction discordante, parce que chaque nation peut avoir le désir de former un pareil lien, qui n'est qu'un essor naturel rangé dans l'ordre moral qu'on lui prêche; de là on reconnaîtra jusqu'à l'évidence que les nations dont les lumières sont arrivées à une tendance de raisonnemens perpétuels, ne laissent plus d'autre choix pour les diriger vers leur conservation, que de les réduire à un inter-

médiaire de préceptes également réciproques
et irrécusables.

Nos lois sont bien là pour nous punir,
mais nous abandonnent au mal sans nous
contraindre au bien que nous devons faire ;
elles protégent également tous les hommes
sans atténuer la racine des divisions si bien
marquées par tant d'opinions diverses, et sans
garantir l'homme de bien, qui reste trop
souvent dupe de sa fidélité aux principes
de conscience dans un siècle où la foi n'est
pas réciproque.

Cependant, pour remplir ce vide si frappant, la législation s'en réfère encore à la
moralité que chacun devrait puiser dans la
religion, sans remédier à la diversité des
principes tolérés, ni à l'entière liberté qu'on
a de se conformer à la morale religieuse,
ou même de n'en point avoir............
Dans ce cas, la loi doit-elle rester muette
sur la définition de la morale publique ?
Peut-elle s'étayer politiquement de cette morale et en infliger des peines dont l'applica-
tion serait interprétative ou indéfinissable ?....
La législation qui reste neutre en matière
de morale, porte avec elle le vice destructeur de l'ordre social !.............. Sans

argumenter, c'est ici la source de tous nos maux ; on la voit, on la considère déjà comme un torrent, et l'on s'y abandonne, sous le règne de la tolérance, avec une résignation hasardeuse, dont la divinité et la raison peuvent s'offenser.

Les hommes de bonne foi, de toutes les religions, seront toujours les prosélytes et les propagateurs d'une morale basée sur l'affermissement si nécessaire des devoirs de l'homme, et qui aura pour but la tolérance et l'union des peuples ; par cette institution, la législation ferait disparaître tout prétexte d'ignorer des devoirs réciproques, donnerait le développement aux vertus morales de toutes les sectes, qui, éloignant du fanatisme, démasqueraient l'hypocrisie et la mauvaise foi, en définissant les titres d'honnête homme, d'homme de bien et d'homme d'honneur, sous la profession des maximes de la morale publique universelle.

D'ailleurs, si l'on est persuadé que la société ne peut exister que par cette morale, également reconnue et pratiquée ; si elle retentit souvent dans le sanctuaire des lois et de la justice comme invocation, quoique n'étant écrite dans aucun code, pourquoi ne serait-elle pas organisée en corps de doctrine , et signalée en tête des codes civils comme le premier devoir de la société?

D'un autre côté, si nous reconnaissons aujourd'hui que l'effet des révolutions sur nos mœurs, et la tolérance introduite dans les gouvernemens, empêchent de recueillir assez généralement les fruits de la morale iudividuelle (ou devoirs réciproques), démontrée par le secours des rites, et que nous puissions aussi les recueillir salutairement en basant nos institutions civiles sur cette doctrine, qui peut renfermer, unir et protéger celle de toutes les sectes, convenir à toutes les opinions, à tous les sentimens, à tous les caractères, à tous les intérêts, et ramener sans cesse les gouvernans et les gouvernés au véritable principe du bonheur commun, pourquoi toutes les raisons d'état ne s'accorderaient-elles pas pour maintenir la conservation de ces liens par toutes les voies pénétratives ? Pourquoi s'engouffrer dans un dédale obscur, ou s'exposer, par un état de perplexité , à l'événement d'un naufrage, si la société peut s'éclairer et s'abriter par des institutions intermédiaires qui peuvent anéantir les divisions parmi les hommes , et élever leur âme au niveau des devoirs qui les rendront heureux ?

Puisque je soumets ma proposition à des législateurs, je me dispenserai d'une plus longue analyse sur cette matière délicate, je vais seulement terminer en mettant sous leurs yeux un plan non ignoré de la morale publique, que je crois digne d'être offert à leur méditation, comme type préparatoire, en attendant l'adoption d'un tableau que la France peut rendre universel, et qui sera la dernière perfection de l'art social, pour produire la stabilité et l'union politique entre les nations civilisées.

DÉCLARATION

DES DEVOIRS DE L'HOMME ET DU CITOYEN.

TITRE PREMIER.

*Rapports supérieurs de l'Homme et du Citoyen :
devoirs qui en résultent.*

ARTICLE PREMIER.

HOMME, CITOYEN!

Vois la source de la morale dans les lois harmoniques de la nature : cherche tes devoirs dans l'essence de ce qui t'environne, et celle de ton bonheur : écoute la voix intérieure de ta conscience ; qu'elle soit le juge et le guide de tes sentimens et de tes actions.

2.

Les merveilles de l'univers font jaillir les premières étincelles de ta sensibilité et de ta raison ; elles adoucissent ton cœur ; elles l'ouvrent à la moralité ; elles le rendent reconnaissant.

3.

Etudie les lois de ton existence : fonde

sur elles les arts utiles : ces arts te nourrissent, te vêtent, te couvrent, te protégent, te perfectionnent ; ils contribuent à te rendre heureux.

4.

Examine, nomme, décris, classe tous les êtres qui frappent tes regards ; éprouve toutes les substances qui t'entourent ; découvre la marche des cieux ; cultive et parcours la terre ; échange ses produits ; recueille par-tout les inventions utiles et les bons exemples.

5.

L'étude et la contemplation de la nature multiplient tes perceptions, agrandissent ton esprit, rectifient tes sentimens, animent et guident ton sens intime ; elles t'apprennent à vivre et à faire le bien dans toutes les positions.

6.

Que l'amélioration de ton être soit sans cesse l'objet de tes méditations et de tes efforts ; elle t'affranchira de l'esclavage, te fera chérir la liberté, suivre la vertu, fuir le vice, et sortir de la corruption.

7.

Fais-toi une juste idée de la *perfection* ;

qu'elle soit en tout ton modèle ; en dirigeant ta volonté, elle te distinguera de la brute ; elle développera ton génie, excitera tes talens, échauffera ton cœur ; qu'elle exalte ta *bienfaisance*, et conduise ta *modération*.

8.

L'harmonie des êtres éclairera ton esprit sur les principes et la vraie perfection de tous les objets qu'il contemplera : source du vrai beau et du bon véritable, elle t'apprendra à les connaître, à les sentir, à les estimer, à les chérir, à les produire.

9.

Représente-toi toutes les perfections réunies à l'intelligence universelle ; élève ta raison, ton esprit et ton cœur à la Cause-première-de-tout-ce-qui-est.

10.

La Nature est le livre où tu étudieras ce premier moteur, le Dieu de tous les peuples, l'objet de tous les cultes, la base de toutes les opinions religieuses.

11.

Quelqu'idée que tu te fasses de la Cause-première, tu penseras que l'étude de ses

œuvres est son culte le plus raisonnable ;
l'univers, son temple le plus magnifique ;
un cœur simple et pur, son plus digne autel ;
de bonnes actions, la prière et le sacrifice
qui lui sont le plus agréables.

12.

Tes opinions religieuses seront diverses ;
mais tu écouteras les mêmes inspirations,
tu obéiras aux mêmes devoirs, tu arriveras
aux mêmes résultats : fais le bien ; évite le
mal ; sois content de ton sort ; espère
pour tes sacrifices, redoute pour tes fautes,
de justes compensations.

13.

Vois la justice éternelle également im-
muable dans les lois de la nature et dans
les décrets de la Providence ; porte tes regards
plus loin que la prospérité du méchant et les
malheurs de l'homme juste.

14.

La bonté récompensée et la méchanceté
punie, la satisfaction du cœur pur et les
regrets du cœur coupable, le calme de l'un
et le désespoir de l'autre te paraîtront assurés
dans le présent et l'avenir, par un ordre
constant et des lois immuables.

15.

Fidèle à ta raison et maître de tes sens, tu marcheras sans détour dans les sentiers de la vertu : seul ou en présence d'un témoin, tu agiras avec la même simplicité, tu te conformeras à ta nature et à tes devoirs.

16.

Fortifie ta morale et ton sens intime par de bonnes habitudes, et tu seras toujours dans d'heureuses dispositions : examine soigneusement ce qui peut dégrader ton être, le corrompre, ou bien l'améliorer.

17.

Ne disant que ce que tu crois vrai; combattant toujours ce qui te semble pernicieux; ne proposant que ce que tu penses bon, et ne faisant jamais que ce que tu estimes le meilleur, tu t'honoreras toi-même, tu obéiras à la cause-première de ton existence, et tu concourras à l'ordre universel.

18.

Évite soigneusement le mensonge et l'erreur : tu ne représenteras point tes conceptions par des images ou des personnes; tu ne tomberas point dans l'idolâtrie et la superstition : ton esprit s'attachera purement aux principes , et ton cœur aux sentimens.

19.

A la fin d'une vie sans tache , tu t'endors avec calme dans le sein de l'univers, tu t'élances sans crainte dans une autre existence, tu vois la mort sans alarme.

20.

Tu portes en toi les principes naturels de ta moralité : leurs règles , pour que tu sois heureux , font seules tes devoirs; étudie-les envers ce qui t'est supérieur , observe-les envers toi-même et tes semblables : connais tes rapports prochains et les plus éloignés.

TITRE SECOND.

Rapports de l'Homme et du Citoyen à eux-mêmes ; devoirs qui en résultent.

ARTICLE VINGT-UNIÈME.

HOMME, CITOYEN!

ÉTUDIE ce que tu serais dans la vie sauvage, ce que tu deviens dans une société barbare ou corrompue, ce que tu dois être dans une *société régénérée* : CONNAIS-TOI TOI-MÊME!

Connais-toi, relativement aux lois de ton existence.... *Habite avec toi-même!*

22.

Connais-toi, relativement à ce qui te conserve.... *Prends soin de ta personne!*

23.

Connais-toi, relativement aux causes de ta destruction.... *Souviens-toi de la mort !*

24.

Connais-toi, relativement à ta nature, à ton essence.... *Vis sans faire de mal !*

25.

Connais-toi, relativement aux liens politiques qui te lient à tes semblables.... *Raisonnable et courageux, tu jouiras de la liberté!*

26.

Connais-toi, relativement à tes facultés intellectuelles.... *Défie-toi des illusions de ton imagination et des passions de ton cœur!*

27.

Connais-toi, relativement à la cause première de ton existence.... *Fuis l'idolâtrie, respecte le zèle éclairé et sincère, méprise l'imposteur, combat la superstition.*

28.

Nourris ton esprit de connaissances utiles, et ton cœur de sentimens généreux : fortifie ta raison par la méditation et la pratique des vertus sociales , ton corps par l'exercice et le travail, ta santé par la tempérance et la frugalité.

29.

Écarte de ta personne toute souillure : respire l'air le plus pur : chaque jour *ablue-toi* : que des frictions, l'eau, l'air et la lumière entretiennent la pureté de tes humeurs.

30.

Plein de confiance dans les lois de ton organisation, que la crainte de la douleur, de la maladie ou de la mort, ne te rende jamais pusillanime : sers-toi de tes moyens et de tes lumières pour ne pas t'accabler de soins superflus, pernicieux.

31.

Vis dans les limites exactes de la nature : *malade*, nettoie tes entrailles et le reste du corps ; abstiens-toi ; écoute ton instinct ; repousse le poison que l'inquiétude, l'incurie et le charlatanisme te présenteront.

32.

Régénéré, tu n'auras plus des légions de

maladies à craindre ; elles sont pour les hommes dépravés, victimes de l'erreur, subjugués par le vice, en proie à leurs préjugés et à leurs passions, asservis à la tyrannie.

33.

Ton ardeur pour la prospérité de ta patrie, pour l'amélioration des lois et ta propre perfection, sera le produit nécessaire de l'amour inné de toi-même.

34.

Après la liberté de ton pays, et la satisfaction de le servir, désire par dessus tout de vivre obcurément, entouré des merveilles de la nature et de son inépuisable fécondité.

35.

Sois simple sans rudesse, civil sans légèreté ni fadeur. Que le travail et l'appétit aiguisent tes désirs, excitent tes goûts. Aimer et connaître, seront tes plus grandes jouissances ; humanité, ton premier devoir ; liberté, patrie, tes plus fortes affections.

36.

Rejette toute superstition, toute charlatannerie : ferme ton cœur à l'appât du jeu et dés chances du sort : repousse tout gain que ne justifient ni le talent, ni le travail, ni la reproduction : sois content de ce que tu possèdes.

37.

Redoute plus que la mort la dépendance : exerce un métier ; n'attends au besoin tes alimens que de tes bras ; méprise qui, en santé, reçoit les siens d'un autre.

38.

N'intervertis que par nécessité, l'ordre que la nature a fixé à tes travaux ; travaille le jour ; repose-toi la nuit : économe du temps, sois précis dans tes discours ; avare de paroles, promets moins, tiens beaucoup.

39.

Toujours prêt à quitter la vie, marche sans crainte : exempt de reproche, ayant fait quelque bien, tu auras joui, tu auras assez vécu, tu mourras en paix.

40.

Fidèle à tes devoirs envers toi-même, tu seras déjà parmi les êtres les plus fortunés ; mais tu rempliras encore ceux de Citoyen, et l'amour de la patrie ouvrira ton cœur aux jouissances les plus exquises.

TITRE TROISIÈME.

Rapports de l'Homme et du Citoyen avec ses semblables ; devoirs qui en résultent.

ARTICLE QUARANTE-UNIÈME.

HOMME, CITOYEN!

Vois toutes les perfections dans l'intelligence universelle, dans la *Cause première de tout ce qui est :* fais dériver d'elle l'amour que tu dois porter à ta patrie et à tous tes semblables.

42.

Ta croyance est une garantie de ta fidélité : si tu ne peux croire, que d'heureuses habitudes et des principes stables soient ta caution et ton égide! par ta moralité, sois uni aux hommes pieux de toutes les opinions.

43.

Conforme-toi à ta propre nature et à l'essence des choses : écoute la voix intérieure qui te guide vers ce qui est utile et bon : juge tes sentimens et tes actions au fond de ta conscience; dans le doute, abstiens-toi d'agir.

44.

Mets en contraste la grandeur de la nature avec ta petitesse : devant elle, que tes passions se taisent, tes préjugés disparaissent ! tes passions, tes préjugés étouffent la vérité, immolent la justice.

45.

Tu ne confondras point l'origine de la société avec la perfection de l'art social : recherche l'organisation du corps politique dans le type que la nature en donne en toi-même.

46.

Associe ton existence avec toutes les harmonies ; qu'elles te rendent ennemi des déchiremens : sois uni d'amour à la cause-première de ton existence, à tous les hommes, à ta patrie, à ta femme, tes amis, tes voisins, tous tes concitoyens.

47.

Tu désireras être remplacé dans la nature et la société par des êtres meilleurs que toi-même : dans ce dessein, conserve-toi, perfectionne-toi, choisis avec soin ton amie, ta compagne ; ne t'unis jamais à des femmes dépravées, infidèles.

48.

Liés par l'hymen, l'amour, l'estime et l'amitié, époux! cultivez ensemble votre raison; supportez ensemble vos travaux; encouragez-vous mutuellement au bien; soyez-vous multuellement fidèles : sacrifiez l'un et l'autre à la vertu, à l'amitié, aux grâces; et le bonheur ne cessera d'habiter avec vous.

49.

Respecte, fais respecter ce qui est à autrui : vois avec plaisir la prospérité de ton voisin : l'aisance honorable, la richesse utile, te représenteront le produit estimable du travail : la propriété est la base sacrée du pacte social; mais l'avarice ne rappétissera pas ton esprit, l'usure ne durcira point ton cœur.

5o.

Doux dans tes moyens, fort par tes principes, actif et prudent dans ta conduite, inébranlable dans tes résolutions, constant dans tes entreprises, sage dans tes projets, commande à la fortune, fais-toi à toi-même ta destinée.

5ɪ.

Souviens-toi du bien; oublie le mal :

hais la méchanceté ; plains le méchant : réponds au mal qu'on te fait, par le bien que tu rends : désire la conversion et non la mort : dilate ton cœur par ta propre bonté, lors même que l'injustice des autres la resserre.

52.

Ferme ton âme à l'envie, et ton cœur à l'adulation : démasque l'hypocrite ; déteste l'hypocrisie : parle peu de toi-même ; sois modeste ; fais le bien ; que ta conscience te suffise : compte sur le progrès de la vérité, le triomphe de la raison et la récompense de la vertu ; laisse à la nature des choses de punir la méchanceté.

53.

Préserve-toi de toute séduction ; ne prostitue jamais ton suffrage ; que rien ne rende vénale ton opinion ; ferme ta bouche au mensonge : enquiers-toi, pense, réfléchis, médite, examine, efforce-toi d'éclairer la majorité.

54.

Soumets-toi à la nécessité, supporte-la avec constance, ne désespère point ; finis s'il le faut, par une bonne action ; dans

l'infortune ou la prospérité, sois le même :
n'abandonne jamais la *modération*.

55.

Prêche la vertu par l'exemple : corrige
tes penchans vicieux ; maîtrise ta volonté :
à l'heure du danger, brave la mort; et fort
de ta conscience, péris indifféremment au
champ-de-bataille, sur l'échafaud ou dans
ton lit.

56.

Honore tes parens et la vieillesse ; accueille
l'étranger ; pratique la franchise, la bonne-
foi, le courage : respecte la piété filiale, le
travail, l'amitié, l'amour véritable, la fidélité, le malheur.

57.

Aime ton semblable comme toi-même;
ne verse pas le sang de ton frère : ne ca-
lomnie point ; hais la médisance : fais aux
autres ce que tu voudrais qu'on te fît :
dévoue-toi à la défense du faible et de l'in-
nocent : repousse le méchant : sois fidèle
à la reconnaissance : tolère les défauts
d'autrui.

58.

Envers tes frères sois généreux jusqu'à

l'abnégation de toi-même ; ajourne tes droits ; oublie tes intérêts : s'ils t'oppriment, pleure sur eux et non sur toi : sois sans fiel, sans amour-propre ; chéris la paix ; déteste la discorde ; fais la guerre aux vices qui l'allument.

59.

Ne détruis rien en vain : respecte l'arbre qui t'ombrage et te donne ses fruits ; ne fais jamais de mal à l'animal qui te récrée et que tu admires ; soigne celui qui te sert, te vêt ou te nourrit : n'abats l'un qu'avec regret ; ne tue l'autre que par nécessité, en répugnant.

60.

Médite chaque jour tes devoirs ; classe-les selon leur nature et tes rapports ; suis-les courageusement, comme les moyens de te rendre heureux : si tu les remplir avec scrupule, tu seras le plus perfectionné des êtres de la terre, et le plus jouissant.

FIN.

IMPRIMERIE DE CHAIGNIEAU JEUNE.